LE DUEL

D'UN MILITAIRE

ET

D'UN APOTHICAIRE,

MIS EN VERS

PAR

C. L. DOUBLET.

. . . . *Paupertas impulit audax,*
Ut facerem versus.

HOR.

A PARIS,

De l'Imprimerie de HUGUIN, rue du Foin, n°. 31.

AN X. (1802.)

AU PREMIER CONSUL

DE LA RÉPUBLIQUE FRANÇAISE.

Ma muse, pour vous distraire
De vos pénibles travaux,
Aussi bien que pour vous plaire,
Voudrait saisir l'apropos ;
Elle est naissante, inconnue,
Mais elle a l'ambition
En contant d'être ingénue
Sous votre protection.

O ! combien elle s'égaie
De vous offrir ses essais !

Il dépend de vous que J'aie,
Consul, un entier succès.
En vous présentant l'offrande
D'un Auteur de soixante ans,
Accordez lui sa Demande
D'aider ses faibles talens.

S'il est vieux, qu'il ait la joie
D'un suffrage qu'il chérit.
Avec la France il festoie
Le Héros qu'elle applaudit,
Lorsqu'il mène à la victoire
La bravoure des français ;
Et, par elle avec la gloire,
Nous fait jouir de la paix.

Paix consolante et sublime,
Ton sourire bienfaisant
Calme, caresse et ranime
Les mers et le continent !

Sur toi notre espoir se fonde :
Ce Héros le soutiendra ;
Et, pour régner dans le monde,
Lui-même te guidera.

PROLOGUE.

Le soir, seul au coin de mon feu,
Loin du tracas et des affaires,
Laissant là mes soins ordinaires,
De rimer, je me fais un jeu.

Et le jour, trotant dans la ville,
Je fais troter un vers facile.
Saisissant mon crayon, soudain
Je case dans mon porte-feuille
Ce vers que mon esprit recueille,
Et j'abrège ainsi mon chemin.

Or ce travail m'est très-utile ;
Il m'étourdit sur mon destin
Qui n'est point heureux ni tranquille.

A mes embarras personnels
J'en joins d'autres aussi réels.

Toujours la nombreuse famille

De mes parens, de mes amis,

Vient multiplier mes soucis.

Que faire avec un cœur sensible?

Je suis ces derniers au galop.

Au vrai, je ne dis rien de trop.

A ce mode toujours flexible,

Moi, je gagne, et voici comment:

C'est qu'à la chose à moi nuisible

Je trouve un prompt soulagement.

J'y donne le change et l'oublie.

Du sort éprouver la rigueur,

Et d'autrui sentir le malheur,

C'est trop à la fois; c'est folie.

J'aime bien mieux passer ma vie

A servir les pauvres humains

Afin d'oublier mes chagrins.

Si donc je n'écris point, j'oblige.

Tel est de mon train le prestige:

J'oblige plus que je n'écris,
Mais par fois, j'écris quand j'oblige.
Un conte pour moi n'a de prix
Que pour y glaner cette joie
Que la nature avare envoie
A chacun de nous ici-bâs.
Aujourd'hui, laissant le tracas,
Je vais tâcher de faire un conte.
J'en ai déjà fait quelques-uns ;
Ma mémoire aisément les compte.
Des faits journaliers et communs,
Qui s'offrent sans cesse à ma muse,
Je choisis celui qui m'amuse.
Tel qu'il est, je vous le transmets,
De le dire, j'en fais les frais.

CONTE.

Tout voisin d'un apothicaire,
Naguere au spectacle j'étais,
Et j'y fus témoin d'une affaire.
J'allais là pour le seul plaisir
Du spectacle. Un autre desir
Avait placé femme jolie
A côté de l'homme benin,
Beau, frais, jeune, et d'humeur polie,
Sachant au sexe féminin
Donner au besoin maint clystère
Avec cette discrétion
Que demande un tel ministère.
Moi, j'étais sans prétention
Sur le lot de l'apothicaire.
Mais il survint d'occasion
Un jeune étourdi, militaire.
Je connus l'un par ses discours.
Des remèdes, de leurs secours,

Il s'était déclaré l'apôtre.

A l'habit j'avais jugé l'autre.

   Cela fit quatre en un local

Etroit, où l'on est assez mal,

Lorsque l'on est sur le derrière,

Comme le militaire et moi.

   Occuper la place dernière,

Lorsque l'on peut faire la loi

Pour qu'on nous cède la première,

Ce procédé n'est pas fréquent;

Il se pratique rarement,

Sur-tout quand on suit la carrière

De tel militaire hasardeux,

Entreprenant et cauteleux,

Connaissant très-bien la pratique

De nos Laïs, et leurs tripots.

   Celui-ci donc mal à propos,

De notre Union harmonique,

Vint rompre le premier lien;

Et, lorgnant la nouvelle Hélène,

Il crut pouvoir de gré, sans gêne,

La disputer au Pharmacien.

   Cela n'était vraiment pas bien :

Car je dirai que l'avantage

Etait au premier occupant.

De fait, c'était faire un outrage

Au Pharmacopole galant

Qui, gracieux et complaisant,

Eût pu consentir le partage

D'un bien qui s'offre à tout venant,

Et que l'on partage aisément,

Mais dans notre espece s'entend.

Au beau sexe je rends hommage.

Il en est, dit-on, sans partage;

Et le croire, c'est être sage.

   L'Enfant de Mars et de Vénus,

Insolent, faisait le blocus

De la place, mais par derrière.

Notre déesse, minaudière,

S'applaudissait, s'électrisait

S'animait et se pavanait.

L'orgeuil, je crois, l'eût immolée,
Si d'orgueil femme périssait
De se voir ainsi cajolée.

De femme grenouille il n'est pas
Qui meure en louant ses appas.
Ainsi le dit la renommée
De femme même bien famée.

Quoiqu'il en soit, à mon voisin,
Notre militaire s'adresse ;
Et d'un verbe fier et mutin
Lui dit, lui répete, et le presse
De céder la place qu'il tient.

L'autre faisait la sourde oreille ,
Ou répondait, comme il convient,
A demande sotte et pareille.

>> Je suis ici pour mon argent.
De ma place je suis content.
J'ai pu la choisir. Je la garde.
Je suis surpris qu'on se hasarde

De venir me la demander.
Sachez, Monsieur le Militaire,
Vous bien comporter et vous taire :
Ne croyez pas m'en imposer. »

« Vous nous enfilez par derrière,
Monsieur, c'est là votre talent.
Je vous offre place en arrière ;
Il faut la prendre sur le champ,
Ou venir vuider la querelle. »

» Excusez-moi, Mademoiselle,
Dit l'Apothicaire galant.
Ne craignez rien, je sais me battre.
Par mes moyens et mon talent
Je vaux autant qu'un Henri-quatre
Pour punir un impertinent.
Je vous abandonne avec peine.
Soyez tranquille, ayez l'espoir
Dans un instant de me revoir,
Sortons. Ne troublons pas la scène.
Et vous, Monsieur, juge et témoin

Du combat que vous voyez naître,
De nous suivre prenez le soin.
Et par un vrai plaisir peut-être
Vous allez bientôt me connaître.
Ma demeure est tout près d'ici.
Suivez mes pas... nous y voici...
Arrangeons nos projets de guerre.
Convenons de nos faits d'abord.
Nous battrons-nous jusqu'à la mort? »
     « Je le veux, dit le militaire. »
     « J'y consens, dit l'apothicaire. »
     « Ou l'épée, ou le pistolet,
Ce sera l'arme qui vous plaît;
Et l'une ou l'autre est nécessaire
Pour vite terminer l'affaire. »
     « Non pas, » répond l'autre adversaire,
« Dans le moment je suis à vous. »
Il entre dans sa Pharmacie,
Puis aussitôt revient à nous
Avec grains de mort et de vie.

« Voici, dit-il, mon arme à moi.

Je tiens deux pilules semblables.

A prendre elles sont agréables.

Que chacun choisisse pour soi.

Mais la suite en sera diverse.

J'avertis ma patrie adverse :

L'une est faite pour le plaisir,

L'autre sûrement fait mourir.

L'une est un extrait de roquette,

Mais d'un poison sûr l'autre est faite.

Les choses sont dans cet état.

Je vous préviens du résultat.

Du choix ayez la préférence,

Et courez l'une ou l'autre chance. »

« De guerroyer, votre façon

Ne me va pas. Mais la leçon,

Que vous me donnez est très-sage,

Dit l'un à son autre champion,

Et j'admire votre courage.

Pour l'imiter, je n'en suis pas.

Allez, jouissez des appas

De votre charmante conquête.

A l'escrime adieu pour jamais.

Donnons-nous le baiser de paix.

Je vous confesse ma défaite. »

    Lors, du Pharmacien triomphant,

Nous rejoignîmes la poulete

A qui de tout l'évènement

Il rendit l'histoire complete.

Son air joyeux et rayonnant

Montrait une âme satisfaite.

Car chacun sait qu'en amourete

Le courage embellit l'amant.

Chez nous tel est le sentiment.

Je crois qu'aussi de la fillete

Il vint embellir la défaite:

Et je ne doute aucunement

Du doux effet de la roquette.

———

A PARIS

Se vend chez l'Auteur, rue des Noyers, n° 3.

9 782019 248062